Luis del Castillo Múzquiz

Historia Moderna para niños

SELECTOR
actualidad editorial

SELECTOR
actualidad editorial
Doctor Erazo 120 Colonia Doctores México 06720, D.F.
Tel. 55 88 72 72 Fax. 57 61 57 16

HISTORIA MODERNA PARA NIÑOS
Diseño de portada: Mónica Jácome
Ilustración de interiores: Modesto García

ISBN: 970-643-599-9

Primera edición: abril de 2003

Sistema de clasificación Melvil Dewey

972
C19
2003

del Castillo Múzquiz, Luis. 1978
Historia moderna para niños Luis del Castillo Múzquiz.--
México: Selector, 2003.
112 p.

ISBN: 970-643-599-9

1. Historia. 2. Historia de México.

Índice

Introducción

1

¿Cuándo terminó la Revolución Mexicana? Es difícil responder esa pregunta: algunos dicen que en 1917, con la consolidación del gobierno de Venustiano Carranza y la promulgación de la Constitución que a la fecha nos rige; otros dicen que en 1920, con la llegada al poder del general Álvaro Obregón; otros más aseguran que terminó hasta 1940, y hay quienes llegan

a decir que la Revolución no ha terminado y que aún sigue viva.

A continuación vas a hacer un viaje a la época de la reconstrucción nacional, después de los años más difíciles de lucha armada; es decir, vas a conocer a través de la lectura un periodo que abarca principalmente la década de los años veinte en México.

Fue una época de muchos cambios en todos los sentidos, no sólo en México, sino en todo el mundo. Mucha gente vio por primera vez algunas de las cosas con las que ahora estamos sumamente familiarizados: el automóvil, el teléfono, la radio, el cine, etcétera.

En el ámbito político, fueron años de lucha por el poder entre el grupo revolucionario que triunfó, y todos los demás: me refiero al grupo de los revolucionarios sonorenses, que tanta relevancia tuvo durante el combate, en el que destacan los nombres de Álvaro Obregón, Benjamín Hill, Plutarco Elías Calles, Adolfo de la Huerta, entre otros.

Si bien recuerdas, estos hombres ayudaron a Venustiano Carranza a llegar a la Presidencia de la República, y lucharon contra otros caudillos revolucionarios como Francisco Villa y Emiliano Zapata. Sin embargo, cuando Carranza terminaba su periodo presidencial, sintieron que se les estaba relegando, y que no se estaban llevando a cabo las promesas y los ideales revolucionarios; por tanto, se revelaron con-

tra el gobierno carrancista. Pero la lucha no terminaría ahí, ahora el grupo de los sonorenses lucharía entre sí por el poder; así, los ganadores gobernarían a su manera, logrando consolidar un sistema que regiría a México a lo largo del resto del siglo XX.

La lucha de caudillos

2

Hacia el año de 1919, tras la muerte de Emiliano Zapata, la sociedad en México ya llevaba nueve años de lucha armada. La Revolución había dejado devastado el campo mexicano, el comercio interior casi se había detenido, y todos vivían con incertidumbre; en pocas palabras, lo que la gente quería en ese momento era la paz.

Sin embargo, ahora los revolucionarios lucharían por el poder.

Pese a que el gobierno de Venustiano Carranza hacía lo posible por pacificar al país y encaminarlo hacia la reconstrucción, surgió un problema: la sucesión presidencial en 1920. Se tenía estipulado que las elecciones se llevaran a cabo a mediados de este último año, pero desde el 1° de junio de 1919, el general Álvaro Obregón, el legendario caudillo sonorense, quien se había retirado de la política desde mediados de 1917, envió un telegrama al presidente Carranza informándole que se declaraba candidato a la Presidencia de la República. En un manifiesto a la nación, el general Obregón se postuló como candidato presidencial, criticando severamente la administración carrancista. La gente no veía la Revolución en el gobierno actual, finalmente, como en el Porfiriato se estaba favoreciendo a los sectores altos de la sociedad y la mayor parte del pueblo seguía viviendo de forma muy pobre.

Más tarde, Carranza se enteraría de otra candidatura, esta vez la del general Pablo González, quien había combatido a los enemigos de la causa constitucionalista en el Sur, esto significaba que muy difícilmente contaría el Presidente con el apoyo de los militares para realizar sus planes.

La reacción del Presidente ante la situación fue postular en marzo de 1920 al entonces embajador de México en Washington, el ingeniero Ignacio Bonillas. La postulación de este oscuro civil que pocos conocían fue vista por la opinión pública como una imposición de Carranza, queriendo decidir éste, quien sería su sucesor en la Presidencia del país.

Hay quienes afirman que lo que el presidente buscaba al postular al ingeniero Bonillas, era que el gobierno quedara en manos de civiles, ya que sabía que de lo contrario podría desatarse una encarnizada pugna entre los militares revolucionarios; no obstante, también se puede pensar que no quería dejar del todo el poder que tenía y que, por tanto, quería asegurarse de dejar el control del país en manos de alguien a quien él pudiese manejar.

Al mismo tiempo, el general Obregón realizaba una triunfante campaña electoral por el país. El enojo de Carranza no se hizo esperar y hostilizó la campaña de Obregón, y al llegar éste a la ciudad de México, se vio obligado a huir, no sin antes haber llegado a un entendimiento con el general González. La tensión entre los sonorenses y el gobierno federal comenzó: debido a que se decretó que las aguas del río Sonora fueran de jurisdicción federal; además se enviaron tropas federales al Estado de Sonora, con la consiguiente indignación del gobernador Adolfo de la Huerta. Ya desde febrero de 1920, el general Plutarco Elías Calles había renunciado a su

cargo en la Secretaría de Industria y Comercio, y el 7 de abril el gobernador de Sonora lo nombró jefe de operaciones militares.

Después, el 23 de abril de 1920, Adolfo de la Huerta se levantó contra el gobierno con el Plan de Agua Prieta, en el que quedaba estipulado que De la Huerta era el jefe del Ejército Libertador Constitucionalista; además de que se desconocía a Venustiano Carranza como presidente de la República, argumentando que éste se había convertido en el jefe de un partido político, y que obstaculizaba la elección democrática. Así, el Plan proponía que el Congreso de la Unión nombrara a un presidente interino (provisional) y convocara a elecciones.

La rebelión rápidamente se extendió por distintos lugares del país, y el Presidente consideró que lo mejor sería trasladarse, con todo y su gabinete, a Veracruz, para gobernar desde ahí, como ya lo había hecho anteriormente. El recorrido se haría en ferrocarril, pero cuando apenas habían llegado a la villa de Guadalupe, ya las tropas de Jesús Guajardo (el asesino de Zapata) atacaban a la comitiva

presidencial. Mientras Carranza huía, las tropas obregonistas ocupaban la ciudad de México. En Apizaco fueron vencidas las fuerzas carrancistas, y los cadetes del Colegio Militar regresaron a la ciudad de México por orden del Presidente. Entonces, éste decidió abandonar el tren y seguir hasta Veracruz a caballo, junto con algunos de sus adeptos. En el camino se les unió Rodolfo Herrero, quien traidoramente asesinó con dos descargas de fusilería a Venustiano Carranza, la madrugada del 21 de mayo de 1920, en medio de una tormenta:

En la espantosa oscuridad del cuarto acababa su vida el gran hombre, sostenido por su fiel ayudante, Ignacio Suárez. Nadie se movía en la habitación... Cuando Suárez observó que se había consumido la vida de su jefe, miró la esfera del reloj luminoso que llevaba en la muñeca y dijo: —El señor Presidente acaba de morir; tomen en cuenta la hora que es. Son exactamente las cuatro y veinte minutos.

El cuerpo de Venustiano Carranza fue llevado a la capital del país el día 23 de mayo y al día siguiente fue enterrado en el Panteón de Dolores. Ante los acontecimientos, el Congreso de la Unión designó presidente provisional a Adolfo de la Huerta, quien tendría que terminar el periodo constitucional, y entregar el poder el 30 de noviembre de 1920.

Adolfo de la Huerta gobernó del 10 de junio al 1° de diciembre de 1920. Su administración no fue fácil, ya que tuvo que hacer frente a muchas rebeliones que se produjeron en diferentes lugares del país. No obstante, hubo algunos logros: Francisco

Villa se rindió y reconoció a De la Huerta como presidente (lo cual nunca logró Venustiano Carranza), a cambio de algunos beneficios, entre ellos, se le otorgó la hacienda de Canutillo, y Félix Díaz salió de México en octubre de 1920. De igual forma, fue desterrado del país, en julio, Pablo González, acusado de pretender dar un golpe contra el gobierno.

El general Obregón tomó posesión de la presidencia de la República el 1° de diciembre de 1920. El periodo de gobierno sería de cuatro años. Durante su administración, el país comenzó a reconstruirse; entre sus aspectos más importantes podemos destacar: el nombramiento de José Vasconcelos como secretario de Educación Pública (Secretaría que se había suprimido durante el gobierno de Carranza); el convenio con las organizaciones campesinas y obreras; el arreglo de la deuda externa, y la reanudación de relaciones diplomáticas con los Estados Unidos.

Hacia 1921, el Presidente restituyó la Secretaría de Educación Pública, nombrando secretario al entonces rector de la Universidad Nacional: José Vasconcelos. Su tarea es reconocida hasta hoy. Entre sus objetivos pueden mencionarse: "la educación indígena para asimilar la población marginal, la educación rural para mejorar el nivel de vida del campo mexicano y la educación técnica para elevar el de las ciudades; la creación de bibliotecas; la publicación de libros populares; la popularización de la cultura...". Durante su periodo como secretario, se crearon nuevas escuelas elementales, se dividió la educación media en secundaria y preparatoria, se establecieron escuelas nocturnas, etcétera. En pocas palabras, llevó a cabo su misión de forma excepcional. Hacia 1924, José Vasconcelos renunció a la Secretaría por diferencias con Obregón; sin embargo, el beneficio de su labor ha llegado hasta nuestros días.

Obregón sabía muy bien que debía disminuir el poder de los militares, de otro modo, cualquiera podría derrocarlo. Así, reorganizó el ejército, intentó crear reservas, y dio de baja a varios generales, jefes, oficiales y a elementos de la tropa.

Ordenó la creación de colonias militares, para facilitar que algunos miembros del ejército regresaran a la vida civil; por último, creció el número de regiones militares de 20 a 35 para disminuir el poder individual de los jefes militares de las zonas.

En el aspecto económico fue muy poco el avance durante esta administración, pero debe tenerse en cuenta la crítica situación en la que

se encontraba el país, ya que sólo la industria petrolera se mantuvo firme durante los diez años anteriores a Obregón; no obstante lo anterior, a principios de los años veinte comenzó a crecer la industria manufacturera, debido en gran parte a la reactivación del mercado interno, gracias al restablecimiento de la paz.

Uno de los sectores en los que más se apoyó Obregón mientras gobernaba fue en el de los campesinos. Ya desde principios de la década se había formado el Partido Nacional Agrarista (PNA), mismo que fue el primer organismo político en el país en plantear la necesidad de que se realizara de forma sistemática una reforma agraria.

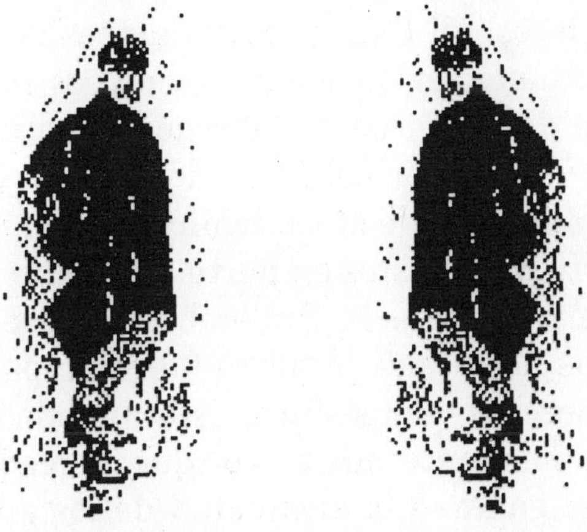

El problema de siempre: la mayor parte de la tierra seguía en manos de latifundistas y gran parte de la población campesina (alrededor del setenta por ciento de la población nacional) seguía viviendo de forma muy pobre, trabajando como jornaleros en las grandes haciendas; las tierras repartidas aún no eran suficientes.

Los líderes del PNA no eran campesinos, sino intelectuales revolucionarios, muchos simpatizantes del zapatismo. Obregón mantuvo un fuerte vínculo con este partido político, y favoreció a muchos de sus miembros y dirigentes, convirtiéndose éstos en parte de la elite política que apenas nacía. Sin embargo, pese a que muchas hectáreas de tierra fueron repartidas a numerosos campesinos, esta medida resultaba insuficiente; además de que Obregón prefirió no ganarse la enemistad de los grandes hacendados. De ese modo, la reforma agraria no tuvo todo el impulso necesario, pero tanto él como los dirigentes del partido hicieron todo lo que pudieron para ayudar en la medida de lo posible a los campesinos, contando así con el apoyo de éstos.

Las cosas comenzaban a cambiar: se expidió la Ley de Ejidos, limitando el derecho de dotación ejidal a pueblos con más de 50 jefes de familia; poco después se expediría el Reglamento Agrario. Las diferencias entre los dirigentes del PNA eran muy grandes, ya que entre ellos se disputaban muchos de los cargos importantes; entonces, en 1923, la Confederación Nacional Agraria que dependía del partido, se separó de éste. El PNA no llegó a aglome-

rar dentro de sí a todos los campesinos, pero hacia 1924 era quizás el partido político más importante. Otro de los grupos apoyados por Obregón fue la Liga de Comunidades Agrarias de Veracruz, que a diferencia del PNA era mucho más radical, ya que estaba influido en gran medida por el comunismo.

El otro sector en el que se apoyo Obregón, pero menos importante en ese momento, fue en el de los obreros. Digo poco importante, no porque estuviesen mal organizados o algo parecido, sino porque no era muy numeroso.

Recordemos que la industria que había empezado durante el Porfiriato, y se había detenido durante la Revolución, apenas estaba levantándose, y la mayor parte del país era rural. Las grandes concentraciones obreras estaban en la minería, los ferrocarriles, las empresas petroleras, los servicios públicos, y en algunas actividades manufactureras.

Durante la etapa obregonista, los obreros estuvieron representados principalmente por la Confederación Regional de Obreros Mexicanos (CROM), fundada por Luis N. Morones durante el gobierno de Venustiano Carranza. Muchos se afiliaron a la CROM pensando que ése sería el principio de un paulatino giro hacia el comunismo, que al ir logrando mejoras en las condiciones de trabajo que exigía el artículo 123 constitucional, poco a poco se lograría que las empresas no fueran de particulares, sino que se convirtieran en organizaciones manejadas por los mismos obreros, desapareciendo así la propiedad privada. La CROM estableció nexos con algunas asociaciones sindicales estadounidenses como la American Federation of Labor, de la cual el fundador de la CROM, Luis N. Morones, fue designado vicepresidente honorario.

Durante ese tiempo, los obreros afiliados a la CROM obtuvieron algunos beneficios como indemnizaciones por accidentes de trabajo o despidos, aumentos en sus salarios, etcétera. La CROM fue la organización de trabajadores más poderosa, pero nunca pudo agrupar a todos los asalariados, un ejemplo de ello son los obreros de la industria del petróleo, quienes no pertenecieron a la CROM. Cabe destacar que dentro de la CROM llegó a haber organizacio-

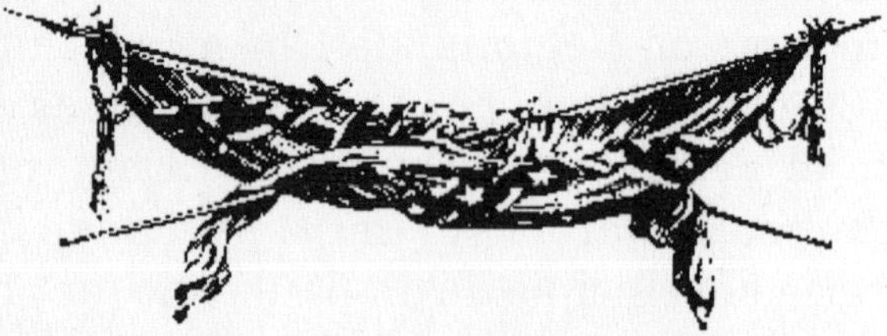

nes campesinas. La CROM no fue el único organismo sindical que existió durante esa época, ya desde principios de los años veinte nació la Confederación General de Trabajadores (CGT), esta organización fue el rival más fuerte de la CROM, y años más tarde llegaría a tener cierto poder; otro organismo de la época fue la Confederación Nacional Católica del Trabajo.

Uno de los principales obstáculos para el gobierno de Obregón y en un principio para el de Adolfo de la Huerta, fue que el gobierno de los Estados Unidos no reconoció el Plan de Agua Prieta. La Constitución de 1917 no fue vista con buenos ojos por los mandatarios estadounidenses, ya que les parecía demasiado radical; en realidad, los principales artículos constitucionales perjudicaban a los estadounidenses que tenían inversiones en el sector petrolero y en el agrario. Venustiano Carranza se había visto en la necesidad de ceder un poco ante las demandas del Presidente y del Secretario de Estado estadounidenses. Al subir Adolfo de la Huerta, y más tarde Obregón, al poder Ejecutivo, los políticos de los

Estados Unidos presionaron al gobierno de México negándole el reconocimiento, pensando que de ese modo las reformas en materia de propiedad serían anuladas. La aprobación por parte de los Estados Unidos era fundamental para la reconstrucción del país.

La primera guerra mundial había dejado devastada Europa y el triunfo de los aliados, gracias a la intervención de los Estados Unidos, dejaba a este último en una situación privilegiada, ya que en ese momento ningún país europeo podía disputarle la hegemonía sobre todo el continente americano, dejando así para siempre a América Latina en sus manos. Desde entonces, las relaciones internacionales de México comenzaron a estar determinadas por la relación con los Estados Unidos.

Adolfo de la Huerta había tratado de llegar a un acuerdo con miembros del gobierno estadounidense; sin embargo, éstos le negaron su reconocimiento mientras no se garantizara de manera formal que los intereses de los ciudadanos estadounidenses en México serían protegidos por el gobierno mexicano. Ante la negativa de De la Huerta a comprometerse a eso, se le negó la ratificación. Los problemas principales que tendría que enfrentar Obregón para que se reconociera su gobierno en el extranjero eran: determinar los alcances del artículo 27 constitucional respecto al asunto del petróleo y la cuestión agraria, el pago de los daños causados a estadounidenses durante la lucha armada revolucionaria y el pago de la deuda externa; siendo el primero de estos problemas el más importante para el gobierno estadounidense. Desde 1921, Obregón trató de no perjudicar a los inversionistas de los sectores petrolero y agrario de aquel país, pero ello no trajo consigo el reconocimiento. Para resolver el problema de la deuda externa, Obregón envió a De la Huerta, en ese momento secretario de Hacienda, a negociar el pago de ésta con el *International Committee of Bankers on Mexico*, principal acreedor de nuestro país. En 1922 se llegaría a un arreglo, firmándose así el acuerdo De la Huerta-Lamont. Por otra parte, en Washington se daban cuenta de que, bien o mal, el gobierno del general Obregón sobrevivía aun sin la aprobación de los Estados Unidos, y se pusieron en marcha los trabajos necesarios para llegar a un acuerdo. Hacia abril de 1923 se determinó que se iniciarían pláticas para llegar a un convenio en una casa en la calle de Bucareli, por lo cual conocemos dichas pláticas con el nombre de "Conferencias de Bucareli". Al parecer, el pacto satisfizo a ambas partes, obviamente, no se aplicaría con todo rigor el artículo 27 a los estadounidenses; sin embargo, el acuerdo fue secreto y no se presentó a ninguno de los dos Congresos, por ende, no era un tratado formal, pero sirvió para que en agosto de 1923 el gobierno estadounidense otorgara su reconocimiento.

El general Obregón fue el primero en tener la idea de formar un partido político que agru-

para a todos los grupos, personas e ideas de la Revolución, en un solo organismo llamado Confederación Nacional Revolucionaria. Sin embargo, como vimos en párrafos anteriores, las diferencias entre los grupos revolucionarios eran muchas, incluso dentro de éstos había pugnas muy fuertes, lo cual llevó a que no se pudiera formar dicho partido.

Durante su periodo presidencial tuvo lugar la última gran rebelión que amenazara a un gobierno institucional: esta fue la rebelión de Adolfo de la Huerta, misma que fue ganada por Obregón. Dicha sublevación tuvo lugar debido a que, al acercarse el tiempo de la sucesión presidencial, Obregón favoreció la candidatura de otro sonorense: el general Plutarco Elías Calles; ambos eran, desde hacía tiempo, gente cercana a Obregón y, como él, eran caudillos revolucionarios conocidos por el pueblo mexica-

no; de todo esto podemos intuir que Obregón creía que Plutarco Elías Calles resultaría menos ambicioso de poder que De la Huerta. Este último se rebeló contra Obregón con el mismo pretexto que éste lo hiciera años atrás contra Carranza: la lucha contra la imposición de un candidato. Mucha gente se sumó al levantamiento, que fue iniciado en Guerrero por el general Rómulo Figueroa a finales de 1923. Rápidamente se alzaron muchos otros militares en distintos lugares de la República, teniendo de su lado a casi la mitad de las fuerzas armadas de México. Al tiempo que ocurría la revuelta fue asesinado Francisco Villa, dada su posible combinación con De la Huerta. Poco más tarde, Felipe Carrillo Puerto, gobernador de Yucatán, sería fusilado por delahuertistas. La rebelión terminaría entre marzo y abril de 1924, con el triunfo del presidente Obregón, gracias a su habilidad, y al apoyo que había ganado de los sectores obrero y campesino.

Durante la etapa obregonista se inició el muralismo mexicano, con exponentes como Diego Rivera y José Clemente Orozco. También se introdujo la radiotelegrafía en el sistema de comunicaciones y se realizaron los primeros vuelos aéreos comerciales; se generalizó el teléfono y el cinematógrafo, así como el uso del automóvil en la ciudad de México, con la consecuente aparición de los primeros embotellamientos. Hacia 1921, México se convirtió en el segundo productor mundial de petróleo. En resumen, la sociedad y el gobierno de México se encaminaron a la formación de un nuevo país.

El 10 de julio de 1924 se llevaron a cabo las elecciones federales resultando ganador Plutarco Elías Calles, quien continuó con la reconstrucción iniciada por Obregón; sin embargo, durante su gobierno ocurrió uno de los hechos históricos más dolorosos para el pueblo mexicano de aquel momento: la lucha cristera.

litares, pero en cambio tenía muchas cualidades para la política.

Su gabinete estuvo compuesto desde un principio por personas simpatizantes del general Obregón. El Congreso estaba constituido principalmente por miembros del partido Laborista y del PNA, mismo partido con el que fue teniendo distintas desavenencias, ya que éste se mostraba abiertamente obregonista.

Calles desde un principio tenía la idea de la institucionalización, ya que creía que sólo así lograría acabar con los levantamientos y las luchas entre caudillos. El general fue muy intransigente en cuanto a las cuestiones de la Iglesia católica. La rebelión de los cristeros fue el principal problema que tuvo que enfrentar durante su gobierno. El general Amaro sería el encargado de perseguir y contener a los cristeros, tarea que no fue fácil. La lucha cristera impidió en gran medida el desarrollo del país.

El gobierno del general Calles

3

Como ya se mencionó, Plutarco Elías Calles era, al igual que Obregón, parte del grupo revolucionario de Sonora, mismo que había apoyado siempre a Carranza, hasta que se levantó contra él con el Plan de Agua Prieta. El general Calles carecía del carisma que caracterizaba a Obregón, así como también de habilidades mi-

Durante su gobierno se creó la Comisión Nacional de Irrigación, después de haber promulgado la Ley de Irrigación; esto se hizo con el propósito de crear pequeñas propiedades agrícolas; sin embargo, no pudo hacerse lo suficiente, y los beneficiados de la ley fueron los propietarios medianos y los latifundistas. Sin embargo, la creación de la Comisión sirvió para la construcción de distintas presas en Tamaulipas, Nuevo León, Coahuila, Durango, Michoacán, Aguascalientes y Sonora. Otro nuevo organismo gubernamental fue la Comisión Nacional de Caminos, con la correspondiente Ley de Caminos y Puentes; cabe destacar que se construyeron nuevas vías de ferrocarril (fueron muy pocas las nuevas vías ferroviarias construidas después durante el siglo XX en México).

Durante el gobierno del general Calles se dictaron dos leyes en materia agraria: la Ley Fraga y la Ley Bassols. La primera se encargó de reglamentar la repartición de tierras ejidales y de constituir el patrimonio parcelario. Esta ley establecía lo necesario para que los ejidatarios, después de usufructuar (usar) un ejido en forma comunal, obtuvieran pequeñas extensiones de tierra individuales. La Ley Bassols era la relativa a las Dotaciones y Restituciones de Tierras y Aguas, reglamentadas por el artículo 27 constitucional.

Teniendo en cuenta que muchos agricultores carecían de dinero para invertir en sus tierras, se dictó también una ley de Crédito Agrícola, también conocida como Ley Gómez Morín, cuya finalidad era organizar a los agricultores sujetos de crédito en sociedades que ofrecieran al capital la garantía de una inversión que fuera redituable; por tanto, se creó el Banco Nacional de Crédito Agrícola. Sin embargo, la ley no mencionaba a los ejidos, por lo que hubo intentos de protegerlos y beneficiarlos; así nació la idea de crear la Ley de Bancos Ejidales, que sirvió hasta 1935. También

debe mencionarse la expedición durante el gobierno de Calles de una ley de Pensiones Civiles de Retiro, que servía para proteger a la gente que por su edad dejaba de trabajar.

El secretario de Hacienda sería otra vez Alberto J. Pani, quien ya ostentaba ese cargo desde el penúltimo año del gobierno de Obregón, tras la renuncia de Adolfo de la Huerta. La habilidad de Pani para desarrollar sus funciones era de llamar la atención, pues le hizo una enmienda al convenio De la Huerta-Lamont, reduciendo así la deuda exterior. No obstante, cuando dejó la Secretaría en 1927, seguía habiendo un déficit en el presupuesto; es decir, la deuda seguía siendo mayor a los ingresos, aunque claro, el déficit se había reducido a diferencia de como se encontraba en 1924. Desafortunadamente, se tuvieron que suspender los pagos de la deuda externa, y reducir el presupuesto, todo esto a causa de lo que gastaba el gobierno para aniquilar la rebelión cristera.

A partir de Alberto J. Pani, daría inicio una reforma en materia hacendaria; ya que se comenzó a distinguir y a cobrar impuestos de manera diferente a los artículos suntuarios (de lujo), de los que no lo eran; en términos generales, la reforma haría que pagaran más quienes más tuvieran. Se creó también la Comisión Nacional Bancaria y la Ley General de Instituciones de Crédito y Establecimientos Bancarios. Entre otras cosas se logró que se bajaran los intereses de 2 y 3% mensuales, a 10% anual, a fin de proteger a la gente que pedía créditos bancarios.

El 25 de agosto de 1925, Calles dictó la ley que constituía al Banco de México, mismo que fue fundado con un capital de 100 millones de pesos oro, y se expidieron dos series de acciones de 100 pesos cada una. La serie A fue de quinientas diez mil acciones, y la B del resto del capital. La creación del Banco de México corresponde a la necesidad del gobierno de tener bien controlada la emisión de billetes y acuñación de monedas, ya que durante la etapa de lucha armada de la Revolución la cuestión monetaria se había vuelto un verdadero desastre, dado que distintos bancos emitían distintos billetes a la vez. Así, con el nacimiento de este banco, el gobierno mexicano tendría el con-

trol para siempre de la cuestión monetaria. Estas medidas por fin se tomaban después de tantos años de inestabilidad en los que como ya se dijo, cada facción emitía sus propios billetes por medio de distintos bancos, creando así una terrible inflación (excedente de efectivo; es decir, el dinero circulante es mayor al dinero que está en las reservas), misma que devaluó mucho al peso mexicano; por tanto, al principio la gente no estaba segura de que los billetes emitidos por el Banco de México fueran a durar. Sin embargo, poco a poco se fueron acostumbrando y acabaron por confiar en el dinero que emitía el Banco de México.

La Secretaría de Educación Pública estuvo representada, durante el gobierno de Calles, por José Manuel Puig Casauranc, y si bien su administración fue menos espectacular que la de Vasconcelos, no por ello es digna de des-

dén. Sobre todo, se hicieron muchos avances en la educación de las áreas rurales.

Como ya se vio, ante la abierta simpatía del PNA hacia Obregón, Calles se mantuvo a distancia de dicho partido y por tanto de sus miembros; en cambio, a diferencia de Obregón, quien como ya se mencionó tuvo de su parte a muchos de los campesinos del país, Calles trató de obtener la simpatía de los obreros, impulsando las organizaciones sindicales. En esos momentos la CROM seguía siendo la más fuerte. Baste con decir que Luis N. Morones llegó a formar parte del gabinete del general Calles; de ese modo, dicha confederación se vio tan fuertemente favorecida por el gobierno federal, que éste, de hecho, la patrocinaba. Los recursos económicos de la CROM no provenían en su mayoría de

cuotas o aportaciones de sus miembros afiliados, sino de subsidios otorgados por el gobierno.

Al asumir Calles la Presidencia de la República hizo ver a los Estados Unidos que durante su mandato se aplicarían de forma más severa los artículos constitucionales referentes al petróleo, a la minería y a la agricultura. La controversia por el petróleo se volvió a suscitar en 1925, con la reglamentación del artículo 27 constitucional. El gobierno de los Estados Unidos se mostró molesto ante la inminente afectación de sus ciudadanos inversionistas en México. Hacia 1926 aparecieron las leyes que reglamentaban los párrafos I y IV de ese artículo: en el primero se afectaba principalmente a los inversionistas en la minería, agricultura y ganadería; pero en el segundo se hacía alusión a los inversionistas petroleros, y dictaba que quienes habían obtenido derechos sobre el petróleo mexicano antes de

1917, debían cambiar sus títulos de propiedad por una concesión otorgada por el gobierno, medida que enfureció a los capitalistas petroleros, y por consiguiente a su gobierno.

Las relaciones con los Estados Unidos, durante 1926, fueron sumamente tensas. El acuerdo al que se había llegado durante el gobierno de Obregón (las Conferencias de Bucareli) fue desconocido por el gobierno callista, argumentando, que más que un tratado, ése era un acuerdo entre caballeros, y que únicamente obligaba, a quienes lo acordaron, a cumplir lo prometido ; en el caso de México, correspondía solamente a Obregón, no a sus sucesores.

Durante 1927, el Embajador de Estados Unidos en México fue reemplazado y la política de aquel país hacia México cambió. El sucesor, Dwight Morrow, contó entre sus logros la modificación de la ley petrolera y la temporal solución del problema agrario (ya que Calles hacia estos años comenzaba a mostrarse tal vez decepcionado de la reforma agraria, y cesó en su intento por destruir los latifundios); sin embargo, no pudo resolver entonces el problema del pago de la deuda externa, ya que poco antes de finalizar el periodo presidencial del general Calles, el gobierno se vio obligado nuevamente a suspender los pagos. Pero si se toma en cuenta lo delicado que estaban las relaciones en 1926, antes de ocupar Morrow su cargo, podemos decir que éste, mediante su innegable habilidad diplomática, salvó a ambos países de una guerra, en la cual seguramente nuestro país se hubiera visto seriamente perjudicado, no sin estar exentos nuestros vecinos del Norte de los perjuicios ocasionados por un problema de tal magnitud. Es necesario destacar que Morrow fue uno de los principales promotores de la paz en nuestro país, y fue

mediador entre la Iglesia y el Estado durante la lucha de los cristeros.

Hacia el año de 1927, el país se topaba nuevamente con el mismo problema desde 1910: la sucesión presidencial. Los dos personajes más importantes en la vida política de México eran los generales Calles y Obregón (aunque retirado en su hacienda); así pues, en un manifiesto a la nación mexicana, Álvaro Obregón nuevamente se declaraba candidato presidencial. La postulación generó protestas entre algunos sectores de la sociedad; sin embargo, el general Obregón era sumamente popular. Ante la futura reelección de Obregón, se le hizo a la Constitución una reforma: estipulando la no reelección "inmediata" de ningún presidente; sin embargo, podía hacerlo después de uno o más periodos gubernamentales sucesivos al suyo. Entre los opositores a Obregón durante la contienda, encontramos a los generales

Arnulfo R. Gómez y Francisco R. Serrano.

Los miembros del Partido Antirreeleccionista apoyaron al general Gómez. En realidad quienes más se mostraron inconformes ante la posible y casi inminente reelección de Obregón, fueron los revolucionarios que el grupo de Sonora marginó. Pese a que era difícil la conciliación entre los grupos gomistas y serranistas, sus dirigentes (Gómez y Serrano) fraguaron un plan mediante el cual pretendían aprehender a Calles y a Obregón, y dar así un golpe de Estado. Al final, el plan falló, ya que según éste, los generales Calles y Obregón serían aprehendidos durante un acto oficial al que asistirían como invitados de honor, sin embargo no acudieron al mismo; la conspiración fue descubierta, y los

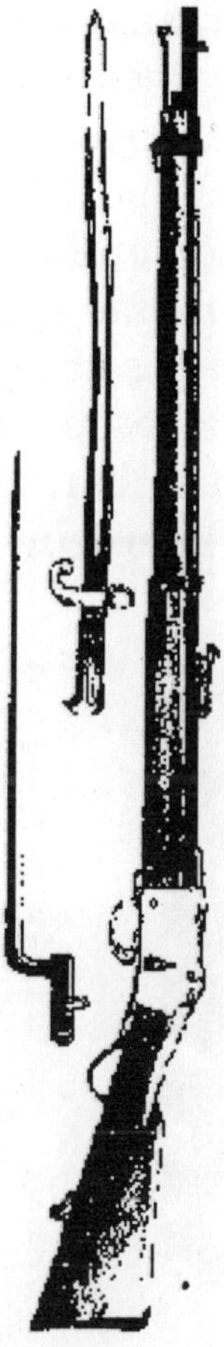

responsables recibieron sentencia de muerte.

Cabe hacer mención, que durante la campaña presidencial, hubo descontento por parte de muchos católicos, algunos de ellos fanáticos, ya que aún no llegaba a una solución el conflicto religioso, y se veía al general Obregón como otro enemigo de la Iglesia. Durante la campaña tuvo lugar un atentado contra el general Obregón, uno de los responsables al parecer era el sacerdote Miguel Agustín Pro, quien fue aprehendido y ejecutado, pasando así a la historia como un mártir católico.

El 1 de junio de 1928 tuvieron lugar las elecciones presidenciales, en las que Obregón resultó victorioso. Poco después de las elecciones, el 17 de julio, el general Obregón se reunió para comer con un grupo de políticos en el restaurante La Bombilla, ubicado en una villa al sur de la ciudad de México, llamada San Ángel. Durante la comida, un fanático religioso llamado José de León Toral le disparó al general Obregón hiriéndolo de muerte. Moría así uno de los caudillos más importantes y legendarios de la Revolución Mexicana, pasando así a la historia como héroe. Nunca se supo si el asesinato fue planeado únicamente por José de León Toral, o si había otras personas implicadas en ese crimen; muchos grupos obregonistas culparon a Plutarco Elías Calles, pero nunca pudo comprobarse nada; sin embargo, era común entre la gente que ante la pregun-

ta: "¿Quién mató a Obregón?", se respondiera: "¡Cállese la boca!" El asesinato suscitó una serie de expectativas: quién sería ahora el nuevo sucesor a la Presidencia, partiendo de ahí, qué grupo político gobernaría ahora el país. Así comenzó un periodo llamado "Maximato".

La etapa presidencial del general Calles terminaba, a la par que prometía que se retiraría de la Presidencia para siempre. No obstante, poco antes de terminar su gobierno, el general Calles llevó a cabo uno de los actos de mayor trascendencia en la historia mexicana del siglo XX: durante su informe presidencial anunció la creación de un partido político en el que se agruparían todos los partidos políticos, grupos ideológicos, etcétera, surgidos durante la Revolución Mexicana, su nombre sería Partido Nacional Revolucionario.

La lucha cristera

4

Este levantamiento tuvo lugar en el año de 1926, ante la intransigencia tanto del gobierno, como de miembros radicales del clero y feligresía mexicanos. Ya desde el gobierno de Carranza habían ocurrido ciertos desacuerdos entre la Iglesia católica y el gobierno federal, mismos que fueron solucionados siendo menos rigurosos con los artículos constitucionales que podían molestar al clero y a los católicos (3, 5, 27 y 130). Pero más tarde, durante el gobierno de Obregón, hubo otras fricciones entre miembros del clero y el gobierno federal, tal vez uno de los hechos más importantes fue el ocurrido a principios de 1923, cuando tuvo lugar la ceremonia de colocación de la primera piedra de un santuario que sería dedicado a Cristo Rey, en el cerro del Cubilete, cerca de la ciudad de Guanajuato. Durante la ceremonia Jesucristo fue llamado, por uno de los obispos, "Rey de México", lo cual fue interpretado por Obregón como un desafío tanto para su gobierno como para la Constitución; parecía que el clero hacía lo posible para que el pueblo mexicano fuera fiel al Papa, antes que al gobierno federal de la República, además, un extranjero participaba en tal plan: a dicha ceremonia había asistido el delegado apostólico del Vaticano, monseñor Ernesto Philipi; lo cual fue interpreta-

do por Obregón como un desafío tanto a su gobierno, como a la Constitución, razón por la cual monseñor Ernesto Philipi, quien fue deportado del país, advirtiendo así al clero de no entrar en conflicto abierto con el gobierno federal.

Al llegar el general Calles a la Presidencia del país, éste se empeñó en llevar hasta la práctica más radical los artículos constitucionales ya mencionados. Su intención tal vez era buena: garantizar a la sociedad mexicana la libertad de pensamiento, y disminuir el inmenso poder que entonces tenía el clero sobre la feligresía mexicana; pero el presidente no tomó en cuenta que hacia esa época, al ir contra la Iglesia, todos los mexicanos católicos (la inmensa mayoría) se sentirían agredidos.

Al mismo tiempo, el padre Joaquín Pérez, apoyado por Luis N. Morones, y también inicialmente por el Presidente de la República, trataba de formar una "Iglesia Católica Mexicana", llamándose "patriarca" de la misma; lo cual haría más fácil al gobierno el control tanto del clero, como de la feligresía; pese a que dicha escisión encontró algunos adeptos, tanto en la capital, como en el interior de la República, la mayoría de los católicos se escandalizaron ante esa idea. El proyecto terminó con un enfrentamiento entre simpatizantes de la nueva Iglesia y católicos leales al Papa, en el cual el gobierno tuvo que intervenir.

Aunado a esto, tanto miembros del gabinete presidencial, como gobernadores de algunos estados daban muestras de profundo anticlericalismo. Tal vez el caso más extremo fue el del gobernador de Tabasco, Tomás Garrido Ca-

nabal, quien dictó un decreto por el cual prohibía a los sacerdotes católicos oficiar misa, a menos que estuvieran casados. Por su puesto, lo anterior no quiere decir que el gobernador Garrido fuera un hombre devoto del matrimonio, y quisiera entonces que todos en su estado estuvieran casados; el decreto era un abierto desafío a la Iglesia, ya que ésta prohíbe a sus ministros, entre otras cosas, contraer nupcias; de esa manera, al cumplir el decreto estarían desobedeciendo al Papa.

Ante las medidas gubernamentales, muchos católicos vieron en el gobierno un organismo represor, que les negaba el derecho a practicar su religión, y se horrorizaban de las medidas tomadas en contra de los ministros de su Iglesia; por tanto,

se formaron algunas organizaciones cívicas, la más importante fue la "Liga Defensora de la Libertad Religiosa", fundada en Jalisco, con el fin de defender los derechos de la Iglesia en México. La situación se agudizaba, en febrero de 1926, el arzobispo de México fue consignado ante las autoridades, por declarar que la Iglesia no aceptaría lo contenido en los artículos constitucionales ya mencionados. Más tarde, tendría lugar la expedición de la llamada "Ley Calles", en la cual se decretaba que el número de sacerdotes en México quedaría limitado a uno por cada 6 mil habitantes, y éstos deberían pedir al gobierno una licencia. Posteriormente tendría lugar una serie de acontecimientos que afectarían a mucha gente (clausura de templos, conventos, capillas, e incluso cateo a casas particulares, eso sin mencionar las inspecciones gubernamentales en las escuelas particulares, cuyos alumnos y profesores debían de abstenerse hasta del uso de medallas religiosas). El alto clero por su parte, formó un Comité Episcopal para decidir qué hacer ante tal situación, sin llegar a la violencia; la decisión fue suspender los servicios religiosos. Esa medida fue una forma de hacer presión en el gobierno, ya que afectaba profundamente a los feligreses católicos, quienes se entristecieron y enfurecieron. La religiosa sociedad de entonces se sintió terriblemente desprotegida ante la amenaza de verse sin auxilios espirituales; en donde más se sufrirían las consecuencias sería en el campo, ya que en las ciudades tenían formas de eludir la difícil situación tales como las misas que de forma clandestina se oficiaban en las casas particulares. En realidad, esa suspensión de cultos, les pareció a los gobernantes excelente; el alto clero le estaba facilitando las cosas al gobierno.

El asunto se agravó cuando la Liga convocó a un boicoteo contra el gobierno, incitando a la población a abstenerse del pago de impuestos, y evitando consumir productos que producía el Estado. A razón de esto, algunos promotores del boicoteo fueron encarcelados, finalmente saldrían libres bajo fianza.

Fueron los propios miembros de la Liga quienes, en enero de 1927, decidieron incitar al pueblo a levantarse en armas, y así lo hicieron, al grito de "Viva Cristo Rey", por lo cual se llamaron a sí mismos "cristeros". Todo se improvisó, los oficiales, las estrategias, etcétera. La guerra sería financiada principalmente por ricos católicos, quienes veían en las políticas del gobierno no sólo una amenaza hacia su libertad religiosa, sino también a sus intereses

económicos (en gran medida por los repartos agrarios que en esa época se realizaban).

Cabe mencionar aquí los intentos del general Obregón para mediar entre el gobierno y la Iglesia; pero la paciencia del general Calles era muy poca, y en cuanto se enteró del asalto a un tren bancario perpetrado por los cristeros, encolerizado mandó al exilio a todos los obispos.

Los cristeros nombraron a René Capistrán Garza (miembro fundador de la Liga) representante de los cristeros en los Estados Unidos; así, intentaría conseguir apoyo de los católicos estadounidenses. No obstante, fracasó; si bien algunos sacerdotes y obispos apoyaban la rebelión, no consiguió el apoyo económico del alto clero.

En realidad, los cristeros no encontraron el apoyo que esperaban en las altas esferas de la jerarquía eclesiástica, la razón es simple: el Vaticano se negó a declarar la guerra al gobierno mexicano, por lo tanto, se ordenó al episcopado mexicano que se procurara la paz, y que se evitaran actos bélicos y desmanes en nombre de la fe católica. Así pues, el episcopado cargó toda la responsabilidad a la Liga. Sin embargo, la guerra le servía muy bien al alto clero para presionar a todo el sistema gubernamental.

A partir de que inició la guerra, rápidamente ésta cobró fuerza en muchos estados de la República, pero principalmente en Jalisco, Michoacán, Guanajuato, Querétaro, Colima, Nayarit y parte de Zacatecas. Los participantes en su mayoría eran campesinos y algunos sacerdotes rurales. Hoy, la actitud de esa gente puede parecernos radical e incluso fa-

nática, pero debemos tener en cuenta que estos hombres eran personas que luchaban por su fe (misma que era muy grande), y daban su vida por Dios y por la "santa madre Iglesia". En las ciudades, la participación de la población sería de forma distinta: se publicaban panfletos y se hacía acopio de provisiones, armas, dinero, etcétera.

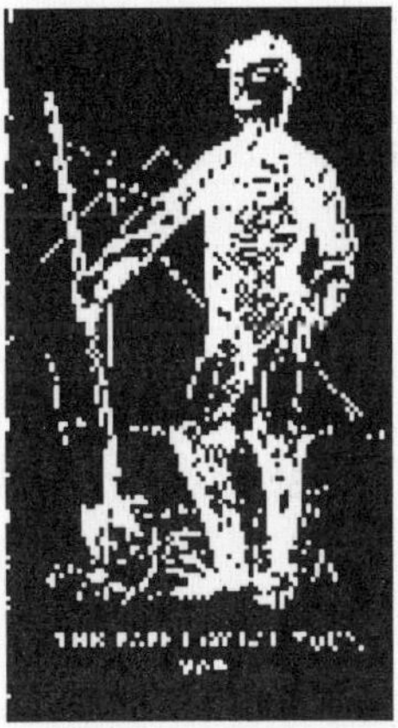

El gobierno no podía acabar con el movimiento cristero, y a pesar de que lo combatía con el ejército federal, al mando del incansable general Amaro (secretario de Guerra y Marina), algunos federales desertaban y se convertían también en cristeros. Insisto, era imposible combatir la ideología de casi toda la población de un país. Una de las razones por las cuales no podía el gobierno exterminarlo en la lucha, era

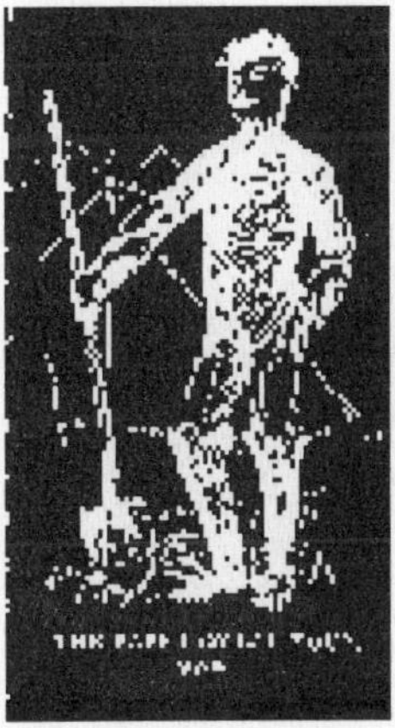

el hecho de que había distintos focos en el país, y cuando lograban someter a una población aislada, el movimiento aparecía en otro lugar, además de que era imposible sofocarlo en los estados en los que más fuerza tuvo; por otra parte, los combatientes seguramente creían que si morían en la batalla ganarían el cielo, ya que estaban luchando en una guerra que consideraban "santa". En los tres años que duró la lucha, el ejército gastó entre veinticinco y cuarenta y cinco por ciento del presupuesto nacional.

No sería sino hasta 1928 cuando los cristeros contaron con un verdadero general en jefe. Éste sería Enrique Gorostieta, militar de carrera, quien tras años de destierro en los Estados Unidos y Cuba, dada la cercanía que había te-

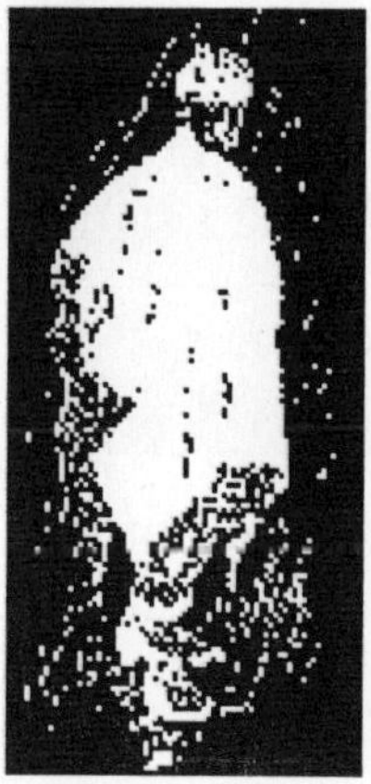

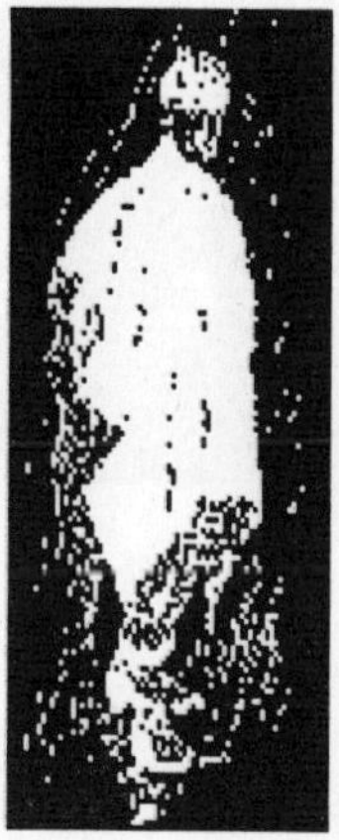

nido su familia con el usurpador Huerta, había vuelto a México en 1920. Gorostieta aceptó ser el general en jefe de los cristeros, sobre todo, porque le tenía resentimiento al gobierno de entonces. Dominó el principal foco cristero, es decir, parte del occidente de la República (Jalisco, Colima y Nayarit).

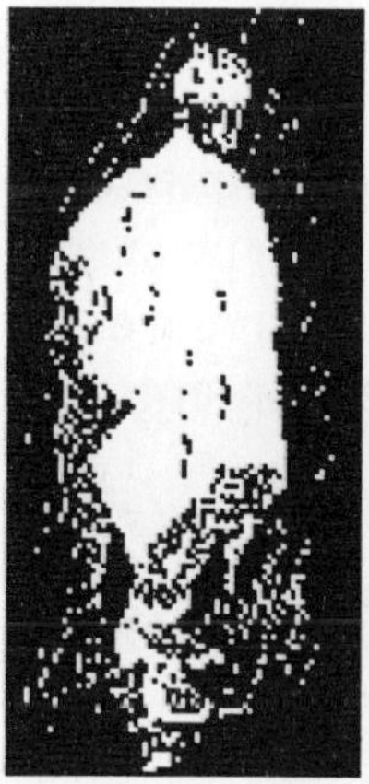

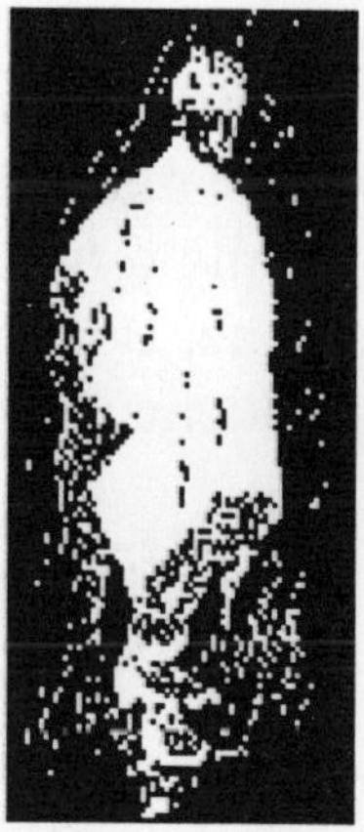

El 28 de octubre de 1928 sería dado a conocer el Plan de los Altos, cuyo autor era Gorostieta. El plan proponía un regreso a la Constitución de 1857, sin las Leyes de Reforma.

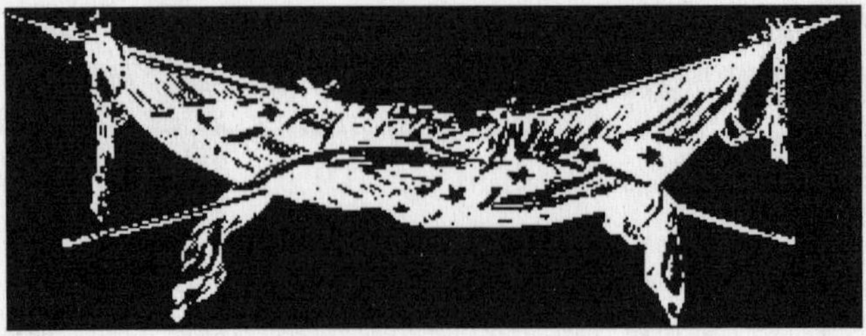

Llegó a tener alrededor de 20 mil hombres a su mando, y nunca quiso rendirse, negándose así a aceptar algún convenio. Finalmente, moriría en junio de 1929.

Hacia 1929 disminuyó la intransigencia tanto del alto clero mexicano, como del gobierno federal. Entonces, el presidente ya no era el general Calles, sino Emilio Portes Gil, quien llegó a un acuerdo pacífico con monseñor Pascual Díaz, quien viajó desde Nueva York con la finalidad y la esperanza de llegar a un arreglo con el nuevo presidente; afortunadamente este último tenía intenciones también de procurar la paz. Después de varias conversaciones en la residencia presidencial que en ese momento era

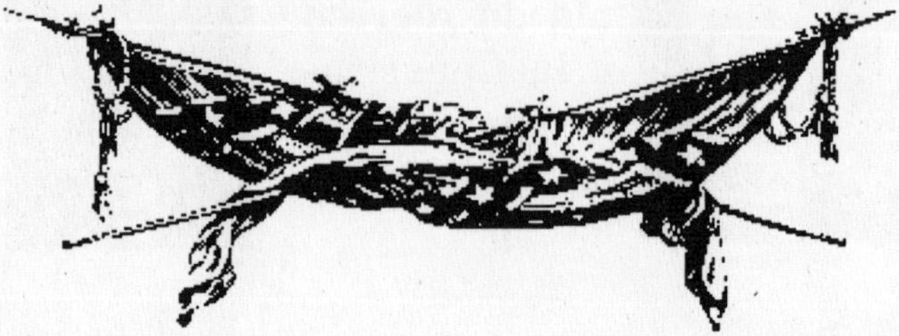

el castillo de Chapultepec, sin firma de ningún documento oficial, se acordó el reconocimiento por parte de la Iglesia de que debía respetar al Estado, y éste respetaría la religiosidad de los mexicanos. Una vez concluidos los arreglos, se abrieron nuevamente los templos en todo el país, y se reanudaron los servicios religiosos. Sin embargo, los artículos constitucionales que suscitaron el conflicto continuaron vigentes, no sería sino hasta muchas décadas después cuando durante la presidencia de Carlos Salinas de Gortari, se propusiera modificar dichos artículos, y el Congreso aprobara dichas modificaciones.

Desafortunadamente, dichos arreglos no satisficieron a muchos católicos, principalmente a los miembros de la Liga, quienes mostraron una actitud muy intransigente ante las nuevas disposiciones tanto gubernamentales como eclesiásticas. Los miembros de la Liga creían que dado el número de simpatizantes, y de hombres combatiendo que tenía el movimiento, les sería posible resistir mucho tiempo más, haciendo así cumplir al gobierno lo estipulado en el Plan de los Altos.

Por otra parte, algunos representantes de la facción más anticlerical del gobierno se mostraron molestos, ya que pensaban que las tropas federales serían capaces de acabar definitivamente con los cristeros, dando así una lección tan-

to a la Iglesia como a los hombres que ellos consideraban fanáticos religiosos.

A partir de los arreglos, el movimiento cristero fue paulatinamente desapareciendo, y si bien la Liga había decidido no rendirse, ésta fue perdiendo rápidamente adeptos, ya que la libertad religiosa había regresado. Ante tales circunstancias, la frustración dc los principales dirigentes de la Liga hizo que decidieran exiliarse.

A tal grado llegaron algunos, que hubo quien viajó a Roma con el propósito de conseguir apoyo del Vaticano; sin embargo, las altas autoridades eclesiásticas no quisieron complicar más las cosas, una vez que se había llegado a un arreglo. Hay quienes dicen que incluso algunos miembros de la Liga intentaron asesinar a monseñor Pascual Díaz, por la tibieza que mostró al hacer los acuerdos.

En los años subsecuentes, tendrían lugar algunos levantamientos de hombres que decían ser cristeros, mismos que fueron reprimidos. Más tarde, las relaciones entre la Iglesia y el Estado mejorarían bastante, cuando el presidente Manuel Ávila Camacho admitió: "Soy creyente".

El Maximato

5

A este periodo se le llama así porque, pese a que había un presidente de la República, éste no gobernaba, atrás de él estaba una figura llamada "Jefe Máximo de la Revolución Mexicana", quien era nada más y nada menos que el general Plutarco Elías Calles. El periodo del Maximato comprende los gobiernos de tres presidentes de nuestro país: Emilio Portes Gil, Pascual Ortiz

Rubio y Abelardo Rodríguez.

El 30 de noviembre de 1928, Emilio Portes Gil tomó posesión del poder ejecutivo en calidad de presidente provisional en el Estadio Nacional. Curiosamente, de los catorce meses que duró su administración, siete de ellos estaría fuera del país. Por supuesto, el gabinete estuvo compuesto por personas que pasarían por la aprobación del general Calles, mismas que ya antes habían colaborado con él y, en su gran mayoría, seguirían participando con los presidentes del Maximato posteriores a Portes Gil. Entre estas personas podemos mencionar a Genaro Estrada y a Joaquín Amaro. El general Calles era consultado para cualquier asunto de importancia.

Su forma de gobierno y convicciones políticas eran similares a las de Obregón y Calles. Entre ellas podemos nombrar la reconstrucción económica con el fin de modernizar al país y convertirlo en capitalista, y el establecimiento de la hegemonía del Estado para administrar los beneficios económicos resultantes de dicha reconstrucción económica.

En la administración de Portes Gil se da una serie de acontecimientos de importancia infinita para la historia de México. Dentro de estos acontecimientos tenemos notablemente el fin de la guerra cristera. El 27 de junio de 1929 se da la primera misa en público después de ser clausurada la catedral de la Ciudad de México, algunos años antes.

Como ya se mencionó antes, en su último informe, el general Calles anunció la creación del Partido Nacional Revolucionario (PNR), el cual agruparía a todas las facciones e ideologías revolucionarias. El partido naciente contó con sus primeras oficinas desde el 4 de diciembre de 1928. Un comité directivo convocó, el 5 de enero de 1929, a una convención, en la ciudad de Querétaro, a partir del 1 de marzo de ese mismo año. Ya con un partido detrás, el Maximato fue más digno, más real y más justificable.

Hacia este momento, Calles dejó de estar interesado en apoyarse en el movimiento obrero, y tampoco quería tener cerca a Morones; a partir de entonces, la CROM perdió el poder que antes había gozado, y se alentó a los sindicatos enemigos de Morones. Cabe destacar que los dirigentes de la CROM, encabezados por Morones, habían perdido mucho prestigio, dada su visible corrupción y pérdida de interés en el bienestar de los trabajadores: su estilo de vida era el mismo que llevaba el sector más adinerado de la sociedad de la época. Al tiempo que ocurría esto, se desarrollaba una convención llamada Obrero Patronal, que estudiaría el proyecto del Código Federal del Trabajo. Fueron muchos los que asistieron a la convención: trabajadores y patrones. Cuando la reunión terminó se decidió que se formaría una comisión mixta de obreros y patrones para establecer definitivamente el Código de Trabajo, sus oficinas estarían en Palacio Nacional y estaría presidida por Emilio Portes Gil.

El 3 de marzo de 1929 México fue testigo de un levantamiento armado en los Estados de Sonora, Chihuahua, Nuevo León y Durango, dirigido principalmente por el general José Gonzalo Escobar. Con el Plan de Hermosillo se desconocía a Portes Gil como presidente de México. En realidad, no se trataba de un levantamiento en específico contra Portes Gil, sino contra Calles. La rebelión duraría alrededor de tres meses, con un saldo de cerca de 2 mil muertos.

Otra cosa que debe mencionarse es la obtención de la autonomía universitaria en 1929. Este hecho se da en gran medida por los afanes del Presidente por lograr concentrarse en algunos asuntos de vital importancia dentro de la política interna, y la verdad es que las revueltas estudiantiles tan sólo lo distraían. De cualquier forma fue él quien otorgó la autonomía y con esto se dio un gran paso hacia la libertad educativa y la modernidad como país. Todo comenzó cuando a principios de 1929 algunos universitarios se opusieron al nuevo reglamento de exámenes ordenado por la Rectoría. Como consecuen-

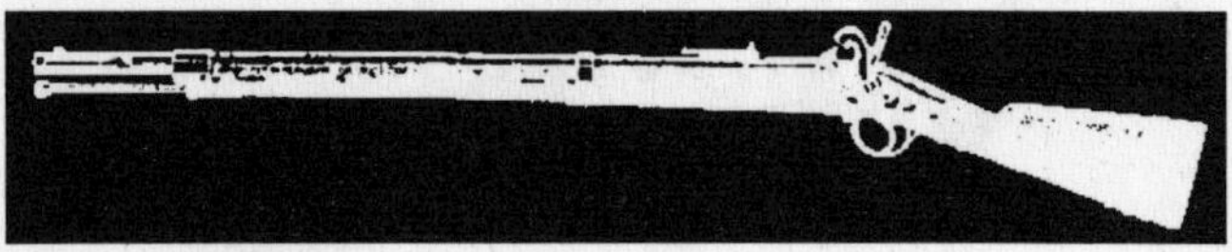

cia de ello el rector tomó medidas muy enérgicas, y los universitarios reaccionan con una huelga. Tras pláticas entre el Presidente y representantes de la comunidad universitaria, el 4 de junio se decidió otorgar al Presidente la facultad de dictar una ley que diera autonomía a la Universidad; así, el 10 de julio de 1929 se dotaba a la Universidad de una Ley Orgánica ya revisada por el Congreso. La autonomía universitaria resultaba bastante restringida por el gobierno, pero más tarde sería más amplia.

En 1929 se celebraron elecciones y el PNR (con la anuencia de Calles) nombró como candidato a Pascual Ortiz Rubio, inclusive, éste había sido llamado por Emilio Portes Gil para ocupar un puesto en su ga-

binete, mismo que tuvo que rechazar ante su candidatura. Su oponente más fuerte fue sin duda José Vasconcelos, quien como candidato independiente tenía el apoyo de algunas figuras que más tarde se definirían en una línea política como Gómez Morín, entre otros. Entre muchos de los sectores que apoyaron a Vasconcelos estaría el universitario; prácticamente podemos resumir que el apoyo que recibió Vasconcelos fue principalmente de las clases medias ubicadas en las ciudades. Fue Ortiz Rubio quien ganó las elecciones y, por supuesto, Vasconcelos reclamó fraude electoral y después proclamó su Plan de Guaymas en el que incita al

pueblo a levantarse, pero tal cosa nunca ocurriría. La verdad es que, efectivamente, Vasconcelos tenía la mayoría de los votos sobre todo en las ciudades, pero Ortiz Rubio es el primero en poner de moda las giras extensivas por pequeños poblados y áreas rurales; además, los discursos vasconcelistas resultaban incompresibles para la mayoría de la gente, entonces analfabeta, y por tanto, sumamente ignorante. Vasconcelos no pudo hacer nada ante los designios del Jefe máximo y Pascual Ortiz resultó el títere perfecto para Calles y otros callistas.

Desde las elecciones presidenciales del 17 de noviembre de 1929, Ortiz Rubio mostró su

miedo ante los actos violentos que se desarrollaron en la ciudad de México. Fue amenazado de muerte desde el día de la toma de protesta como Presidente de la República, el 5 de febrero de 1930, y por esto se aumentaron las medidas de seguridad a su alrededor. Ese mismo día, al salir el Presidente de Palacio Nacional acompañado de su familia, tras tomar protesta ante los miembros del nuevo gabinete (por supuesto también revisado y aprobado por el general Calles) fue herido por un vasconcelista llamado Daniel Flores. Gracias a esto, Ortiz Rubio y su familia estuvieron encerrados en el castillo de Chapultepec por dos meses. Esto, obviamente, le hizo perder autoridad moral y política.

Ante esta situación, tuvo que ejercer su poder Calles. Puso en el gabinete a eminentes callistas como Portes Gil en gobernación, repitieron Estrada, Almazán, Amaro, etcétera. Ortiz Rubio no hizo nada contra esto, lo cual provocó una mayor pérdida de su autoridad.

Son pocos los hechos dignos de mencionar durante el periodo de Ortiz Rubio, uno de ellos fue la aparición de la Doctrina Estrada, creada por el secretario de Relaciones Exteriores, Genaro Estrada, ante cambios de gobierno en otros países latinoamericanos. En resumen, la Doctrina Estrada dictaría que

México no reconoce ni desconoce gobiernos, simplemente, mantiene o retira agentes diplomáticos cuando lo cree conveniente.

Para restar los efectos de la falta de un organismo integrador de las clases obreras, se hicieron varios intentos (sin ningún éxito), durante el periodo de Pascual Ortiz Rubio, para unificarlos. En 1930 se formó el Comité General de Unificación Obrero-Campesino y en 1932 se crea la Cámara del Trabajo.

El 2 de septiembre de 1932, el Presidente renunció ante el Congreso de la Unión, dada

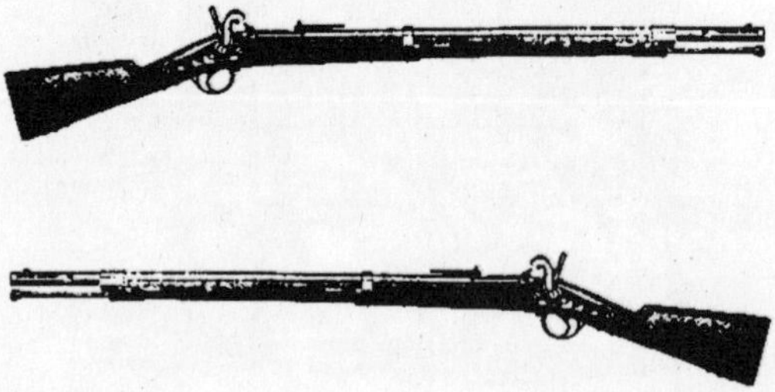

la situación de crisis política que imperaba en el país. La tarde del 3 de septiembre se llevó a cabo la elección para presidente sustituto, entre miembros del Congreso. El general Abelardo Rodríguez resultaría electo, y ese mismo día tomó posesión de su cargo.

La política de Rodríguez no contrastó con la de sus antecesores, por el contrario, el general Calles siguió siendo el hombre que gobernaba México, pero a diferencia de Ortiz Rubio, el nuevo presidente gozaría de más carisma, y mayor respetabilidad.

Cabe mencionar que fue durante su gobierno cuando se hicieron reformas al artículo 3° constitucional, y se trató de implantar la llamada “educación sexual”, que consistía en que los estudiantes tomaran una serie de medidas de higiene; el secretario de Educación Pública era Narciso Bassols. La medida escandalizó nuevamente a los grupos católicos, y desató un nuevo conflicto con fanáticos religiosos, quienes en las áreas rurales atacaron a los maestros, cortándoles a algunos las orejas, pasando así a la historia como mártires del laicismo. Bassols era visto por los católicos recalcitrantes (gran parte de la pobla-

ción del país) como "enemigo de los niños". Lo anterior hizo que en el año de 1934 presentara su renuncia.

Durante el Maximato también se dieron algunos cambios significativos en la política nacional. Se crea la Ley Federal del Trabajo. Ésta ponía de manifiesto la voluntad del Estado de velar por el bienestar de las clases más débiles de la sociedad, erigiéndose en árbitro de los sectores productivos. Entre los logros más notables de esta ley, está la obtención de la Contratación colectiva obligatoria y el derecho a la huelga; se instauraron medidas de protección al salario y se estableció la jornada máxima de trabajo con medidas especiales para mujeres y

niños. La acogida de esta ley no fue del todo positiva, sobre todo por parte de los sindicatos, ya que ahora se les obligaba a registrarse y dar cuenta de las cuotas recibidas. Tampoco los empresarios estaban contentos, pues consideraban irrelevante una ley, argumentando necesitar plena libertad para dirigir adecuadamente sus negocios, y rechazaban la intervención del Estado que, consideraban, debía limitarse a realizar las obras de fomento requeridas por la comunidad. De cualquier manera, la ley era un intento por acercarse a las clases obreras que vivían un momento difícil a causa de la desintegración de la CROM.

Un acontecimiento que es necesario mencionar, es el hecho de que al comenzar el Maximato, la crisis mundial de 1929 vino a sacudir al mundo. Esta crisis empezó en los Estados Unidos, cuando colapsó estrepitosamente la bolsa de valores de Nueva York. Las razones fueron muchas, pero principalmente se debió a un excedente de producción de bienes y una escasa demanda de los mismos por parte de los consumidores. Muchas empresas fueron a la quiebra, por ello muchísima gente quedaría sin empleo; el día que cayó la bolsa, muchas personas al ver que sus acciones ya no valían nada, se suicidaron. Este trance sumergió en la miseria absoluta a gran parte de la población de los Estados Unidos;

la crisis se extendería rápidamente a lo largo de todo el mundo.

Por supuesto que a México le afectó la situación mundial, y sus efectos se hicieron ver rápidamente. La crisis de 1929 limitó en gran medida el comercio exterior, ya que ante la falta de capital, no había quien comprara los productos que México solía exportar: principalmente metales y petróleo; a causa de la escasez de capital el mercado interno y el sector industrial también se vieron afectados. Sin embargo, México era un país con un grado de atraso tal, que la mayor parte de la gente vivía de cultivos de autoconsumo; por tanto, al no depender el país del comercio mundial, se salvó de una verdadera catástrofe; aunque cabe decir que 1929 y 1930 fueron años difíciles para la agricultura, lo cual significó que se tuvo que vivir con estrechez.

En el aspecto político cabe destacar que el general Calles, conforme pasaban los años, se iba haciendo cada día más conservador. Calles estaba convencido de que para reconstruir a México sería necesario crear una nueva burguesía nacional, que a diferencia de la que había en el Porfiriato, ésta fuera mucho más nacionalista; para ello, era necesario hacer lo posible por no destruir a los grandes capitalistas. Tal vez el sector que más resintió el paulatino conservadurismo del general Calles fue el agrario. El Jefe máximo había llegado a la conclusión de que la reforma agraria había fracasado, y que resultaba perjudicial para el país; por esto, ordenó que se dejara de repartir tierras a campesinos, favoreciendo entonces a los latifundistas; pocos gobernadores fueron los que desobedecieron la orden, uno de ellos fue el de Michoacán, el general Cárdenas.

Este periodo terminó cuando en 1934 fue elegido presidente el candidato del PNR, el general Lázaro Cárdenas del Río. Hacia 1935, cuando se iniciaba el gobierno, el Presidente Cárdenas dio claras muestras de que no se sometería al “Jefe máximo”.

Cronología de los presidentes de México de 1920 a 1934.

Señor Adolfo de la Huerta: 1 de junio de 1920 – 30 de noviembre de 1920.

General Álvaro Obregón: 1 de diciembre de 1920 – 30 de noviembre de 1924.

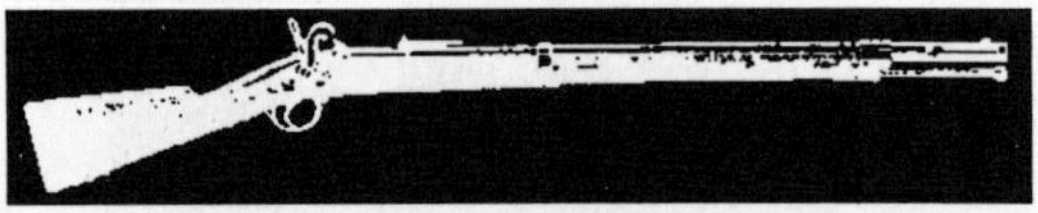

General Plutarco Elías Calles: 1° de diciembre de 1924 – 30 de noviembre de 1928.

Licenciado Emilio Portes Gil: 1 de diciembre de 1928 – 4 de febrero de 1930.

Ingeniero Pascual Ortiz Rubio: 5 de febrero de 1930 – 3 de septiembre de 1932.

**General Abelardo L. Rodríguez:
3 de septiembre de 1932 –
30 de noviembre de 1934.**

Álvaro Obregón

Nació en Huatabampo, Sonora, en 1880. Su principal ocupación durante su juventud sería la agricultura. Al iniciar la Revolución Mexicana se unió a Madero, y al morir éste, siguió con la Revolución y emprendió una campaña contra Victoriano Huerta. Apoyó principalmente a Venustiano Carranza, quien lo nombró jefe del ejército en el Noroeste. Algunas de sus legendarias batallas fueron con Villa, ayudando así a la facción de los constitucionalistas. En la Convención de Querétaro, estaba a favor de la reforma agraria y la reglamentación del trabajo. Llegó a la Presidencia de la República en 1920. En una de sus batallas perdió una mano, misma que años más tarde fue exhibida en el monumento dedicado a él al Sur de la ciudad de México. Murió en 1928.

Plutarco Elías Calles

Nació en Sonora, en el año de 1877. Hacia 1911 se adhirió a los revolucionarios. En 1913, junto con Álvaro Obregón, luchó contra Huerta. Dentro de las facciones revolucionarias, eligió la misma que Obregón, y fue nombrado gobernador de su estado, en donde estableció el divorcio e inició la reforma agraria, lo que le trajo la enemistad de la Iglesia en ese lugar. Fue parte del gabinete de Venustiano Carranza, hasta que renunció para adherirse al Plan de Agua Prieta.

Durante la presidencia de Obregón, también formaría parte del gabinete, siendo secretario de Gobernación. En 1924 era Presidente de México, y en el periodo presidencial de su sucesor Emilio Porte Gil, sería secretario de Guerra. En 1936, dada su oposición al presidente Cárdenas, fue exiliado a los Estados Unidos, donde vivió hasta 1941. Murió en el año de 1945.

[illegible]

NOTAS

COLECCIÓN HISTORIA PARA NIÑOS

Antepasados, Los
Colonia I, La
Colonia II, La
Conquista, La
Historia contemporánea para niños
Historia moderna para niños
Independencia, La
Porfiriato para niños , El
Reforma, La
Revolución para niños, La

COLECCIONES

Belleza
Negocios
Superación personal
Salud
Familia
Literatura infantil
Literatura juvenil
Ciencia para niños
Con los pelos de punta
Pequeños valientes
¡Que la fuerza te acompañe!
Juegos y acertijos
Manualidades
Cultural
Medicina alternativa
Clásicos para niños
Computación
Didáctica
New Age
Esoterismo
Historia para niños
Humorismo
Interés general
Compendios de bolsillo
Cocina
Inspiracional
Ajedrez
Pokémon
B. Traven
Disney pasatiempos

Historia moderna para niños
Tipografía: *Gustavo Peñalosa Castro*
Negativos de portada e interiores: *Reprofoto*
Impresión de portada: *Editores Impresores Fernández*
Esta edición se imprimió en abril de 2003,
en *Editores Impresores Fernández S.A. de C.V.*
Retorno 7-D Sur 20 No. 23 México, D.F. 08500

DOBLAR Y PEGAR

SU OPINIÓN CUENTA

Nombre ....

Dirección ....

Calle y número ....

Teléfono ....

Correo electrónico ....

Colonia .... **Delegación** ....

C.P .... **Ciudad/Municipio** ....

Estado .... **País** ....

Ocupación .... **Edad** ....

Lugar de compra ....

Temas de interés:

- ☐ *Negocios*
- ☐ *Superación personal*
- ☐ *Motivación*
- ☐ *New Age*
- ☐ *Esoterismo*
- ☐ *Salud*
- ☐ *Belleza*
- ☐ *Familia*
- ☐ *Psicología infantil*
- ☐ *Pareja*
- ☐ *Cocina*
- ☐ *Literatura infantil*
- ☐ *Literatura juvenil*
- ☐ *Cuento*
- ☐ *Novela*
- ☐ *Ciencia para niños*
- ☐ *Didáctica*
- ☐ *Juegos y acertijos*
- ☐ *Manualidades*
- ☐ *Humorismo*
- ☐ *Interés general*
- ☐ *Otros*

¿Cómo se enteró de la existencia del libro?

- ☐ *Punto de venta*
- ☐ *Recomendación*
- ☐ *Periódico*
- ☐ *Revista*
- ☐ *Radio*
- ☐ *Televisión*

Otros ....

Sugerencias ....

Historia moderna para niños

RESPUESTAS A PROMOCIONES CULTURALES
(ADMINISTRACIÓN)
SOLAMENTE SERVICIO NACIONAL

CORRESPONDENCIA
RP09-0323
AUTORIZADO POR SEPOMEX

EL PORTE SERÁ PAGADO:

Selector S.A. de C.V.

Administración de correos No. 7
Código Postal 06720, México D.F.